1. Auflage 2021

NFT –

NON-FUNGIBLE TOKEN

Ein Handbuch über den Kryptomarkt, Blockchain und NFTs.

Für Einsteiger und Fortgeschrittene.

Alexander Hilgenberg
Am Kapellenufer 105
D-44289 Dortmund

Inhalt

Vorwort

Wann haben Sie das erste Mal von NFTs gehört? War es im Jahr 2021, als Sie gelesen haben, dass der CEO Jack Dorsey seinen ersten Tweet für 2,9 Millionen US-Dollar verkauft hat? Oder haben Sie durch die CryptoKitties davon erfahren, von denen einige für mehrere Millionen Dollar versteigert werden? So oder so, der NFT-Markt scheint einen großen Hype zu erleben. Die einen sagen, es sei eine bahnbrechende Erfindung, die anderen halten NFTs für überflüssig. Wie so oft im Leben, liegt die Wahrheit irgendwo dazwischen.

Da Sie dieses Buch in der Hand haben, besteht ein Interesse, mehr über das Thema zu erfahren. In diesem Buch finden Sie das notwendige Basis-Wissen, um den Krypto-Markt besser zu verstehen. Auch wenn es hauptsächlich um NFTs geht, werden Sie auch etwas über die verschiedenen Kryptowährungen und die Funktion einer Blockchain lernen. Außerdem wird erklärt, was eine Wallet ist und welche Arten von Wallets es gibt. Wenn Sie sich in einigen Bereichen bereits auskennen oder sich nicht für den technischen Teil im Hintergrund interessieren, können Sie gerne ein paar Zeilen überspringen. In den folgenden Abschnitten werden wir nicht nur den Kaufprozess beschreiben, sondern auch einige technische Aspekte. Diese werden so einfach wie möglich gehalten und ggf. mit einem Bild illustriert.

Bitte beachten Sie, dass ich Ihnen keine Kaufempfehlung für verschiedene Projekte geben kann. Ich vermittle Ihnen nur das Grundwissen und die Geschichte hinter diesen Projekten. Wenn Sie sich für den Kauf eines NFTs entscheiden, empfehle ich Ihnen, dass Sie sich über das NFT, das Sie kaufen möchten, genau informieren. Auch wenn es noch so schön klingt, dass Sie mit einem einfachen Tweet mehrere Millionen Dollar verdienen können, ist das Risiko von Verlusten hoch. Es gibt keine Garantie, dass ein NFT steigen wird. Er wird nur durch Angebot und Nachfrage bestimmt. Wenn die Nachfrage nicht da ist oder abnimmt, ist Ihr NFT möglicherweise nichts mehr wert.

Ich freue mich, Sie auf diesem Weg begleiten zu dürfen und hoffe, dass ich auch Sie für das Thema begeistern kann. Am Ende dieses Buches finden Sie meine Kontaktdaten. Wenn Sie in einem Prozess feststecken, weil sich etwas geändert hat, schreiben Sie mir bitte jederzeit. Das wird nicht nur Ihnen, sondern auch zukünftigen Lesern helfen, da ich dieses Buch auf dem neuesten Stand halten werde.

Doch nun wollen wir ein wenig mehr über das Thema erfahren.

Basics die wir vorher wissen müssen

Was ist Fungibilität

Fungibilität bedeutet Austauschbarkeit, Ersetzbarkeit[1]. Einfach ausgedrückt, ist Fungibilität das Recht, ein Produkt gegen ein anderes individuelles Produkt der gleichen Art auszutauschen. Unser ganzes Handelssystem ist auf diese Weise aufgebaut.

Oft werden Aktien, also Wertpapiere, die an der Heimatbörse und an mehreren Börsen weltweit gehandelt werden, als fungibel bezeichnet. Dabei spielt es keine Rolle, ob Sie die Aktie in Deutschland oder im Ausland kaufen. Der Wert dieser Aktie repräsentiert den gleichen Eigentumsanteil an Unternehmen.

Geld ist das wohl am einfachsten fungible Mittel. Wenn Sie einem Freund einen 10€-Schein geben, ist es Ihnen egal, ob Sie 2 x 5€-Scheine zurückbekommen. Natürlich will man sie nicht gegen 1-Cent-Münzen eintauschen, aber das ist ein anderes Thema. Selbst wenn man Ihnen völlig unterschiedliche Scheine aushändigt, ist es Ihnen egal, weil der Wert der gleiche ist. Anders verhält es sich mit der Nicht-Fungibilität. Wenn Sie Ihrem Freund Ihr Auto leihen, möchten Sie dasselbe Auto wiederhaben. Es wäre unangemessen, wenn

Ihr Freund im Gegenzug ein anderes Auto oder zwei Motorräder zurückgeben würde. Aber dazu mehr in Kapitel 2.

Fungible Mittel machen unseren Alltag einfacher. Sie gehen in den Supermarkt und tauschen Ihr Geld gegen Lebensmittel. So ist fairer Handel möglich, denn das Geld ist sowohl für Sie als auch für den Hersteller gleich viel wert. Vor ein paar tausend Jahren war das nicht so einfach. Man würde vielleicht 5 Hühner gegen 1 Ziege tauschen und wusste nicht, ob das ein guter Deal war.

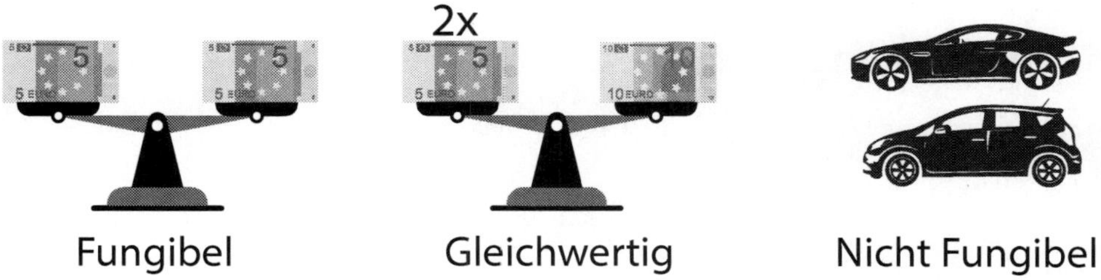

Abbildung 1

Was sind Fungublie-Token

Bitcoin, Ethereum und andere Kryptowährungen sind die bekannteste Anwendung von Fungible-Tokens. Ähnlich wie im obigen Beispiel können Sie einen Bitcoin an Ihren Freund schicken und dieser schickt Ihnen einen zurück. Allerdings muss es nicht derselbe Bitcoin sein, den sie zurückbekommen. Kryptowährungen wie Bitcoin sind ein dezentral organisiertes Buchungssystem. Sie können es sich wie ein Bankkonto vorstellen, auf dem Sie digitales Geld senden und empfangen können. Allerdings wird, wie im obigen Beispiel, ein Bitcoin verschickt, den man dann auf bestimmten Plattformen gegen Euro tauschen kann. An sich ist der Bitcoin nichts wert und wird nur durch Angebot und Nachfrage bestimmt. Aber machen wir uns nichts vor, auch das Papier, auf dem ein 10€-Schein gedruckt ist, ist nichts wert. Nur durch das Vertrauen der Bevölkerung funktionieren diese Währungen.

Bitcoin (nice to know)
Bitcoin nutzt die Peer-to-Peer-Technologie, um ohne eine zentrale Autorität auszukommen. Peer-to-Peer, kurz P2P, ist eine sogenannte Querkommunikation zwischen verschiedenen Computern. Die Bearbeitung von Transaktionen und die Aufrechterhaltung des Protokolls erfolgt kollektiv durch das Netzwerk. Niemand und gleichzeitig alle haben die Kontrolle über Bitcoin. Das Projekt ist öffentlich (Open Source) und wenn Sie über Programmierkenntnisse in C++, Python oder C verfügen, können Sie sich an diesem Projekt beteiligen und Ihre Ideen einbringen.

Da Bitcoin P2P nutzt und somit dezentralisiert ist, haben die Nutzer ein enorm hohes Maß an Sicherheit. Es ist praktisch unmöglich, das System zu hacken bzw. der Aufwand ist es nicht wert. Es gibt schätzungsweise eine Million Bitcoin-Miner, die weltweit verteilt sind und alle Transaktionen überprüfen und in der Blockchain protokollieren (Stand: 20.02.2021) [3]. Wenn eine Transaktion durchgeführt wird, wird ein neuer Block erstellt, der von einem Miner gefunden werden kann. Der gefundene Block enthält dann die Transaktion, die in die Blockchain geschrieben wird. Im Durchschnitt wird alle zehn Minuten ein neuer Block gefunden, wodurch das Blockchain-Protokoll ständig erweitert wird. Je älter eine Transaktion ist, desto sicherer ist sie, da sie bereits von mehreren Minern verifiziert wurde. Eine Transaktion gilt als sicher, wenn es 6 Bestätigungen gibt.

In der folgenden Abbildung sehen Sie, wie die Blöcke miteinander verknüpft sind. Ein neuer Block muss immer die Informationen des vorherigen Blocks erhalten. Dies ist eine vereinfachte Darstellung. Was sich genau in jedem Block befindet, wird im Abschnitt Blockchain erläutert.

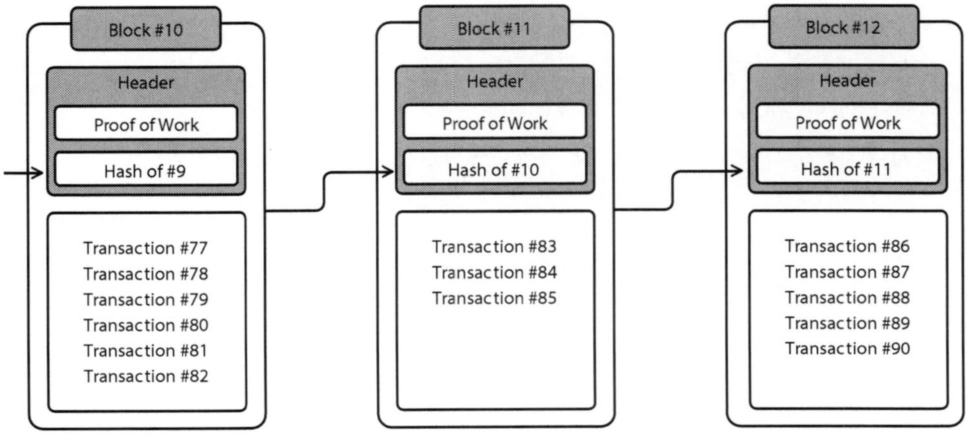

Abbildung 2

Eine Manipulation wäre nur möglich, wenn sich die Mehrheit der Miner an dieser Manipulation beteiligen würde. Ein Hacker müsste also in der Lage sein, die Mehrheit des gesamten Bitcoin-Netzwerks zu manipulieren, was ein enormer Aufwand wäre. Denn es handelt sich nicht um ein klassisches Wahlsystem, sondern um ein Proof-of-Work-System. Es kommt also auf die sogenannte Energie (Strom) an, die jemand aufwendet. Sollte es jemandem gelingen, würde der Bitcoin sofort seinen Wert verlieren, da es kein Vertrauen mehr gäbe, was dazu führen würde, dass die Bemühungen der Hacker nutzlos wären.

Mythen über Bitcoin

Mythos 1: Bitcoin ist ein Zahlungsmittel im Darknet

Immer wieder hören wir von Drogen, Waffen oder anderen kriminellen Aktivitäten aus dem Darknet, die mit Bitcoins bezahlt werden. Dazu müssen wir wissen, was das Darknet ist. Das Internet, oder besser gesagt das World Wide Web (WWW), ist über Suchmaschinen wie Google zugänglich, es wird auch Clear Web genannt. Insgesamt macht das World Wide Web etwa fünf Prozent des gesamten Internets aus. [4]

Die restlichen 95 Prozent sind das sogenannte Deep Web und sind nicht über Suchmaschinen wie Google zugänglich. Hier befinden sich Datenbanken, Bankennetzwerke und Dienste, die zu Universitäten, Behörden oder Unternehmen gehören. Das Darknet, in dem die anonyme Kriminalität regiert, ist wiederum ein kleiner Teil des Deep Web. Allerdings ist es nicht möglich, mit einem normalen Browser auf das Darknet zuzugreifen, weshalb hier ein TOR-Browser benötigt wird.

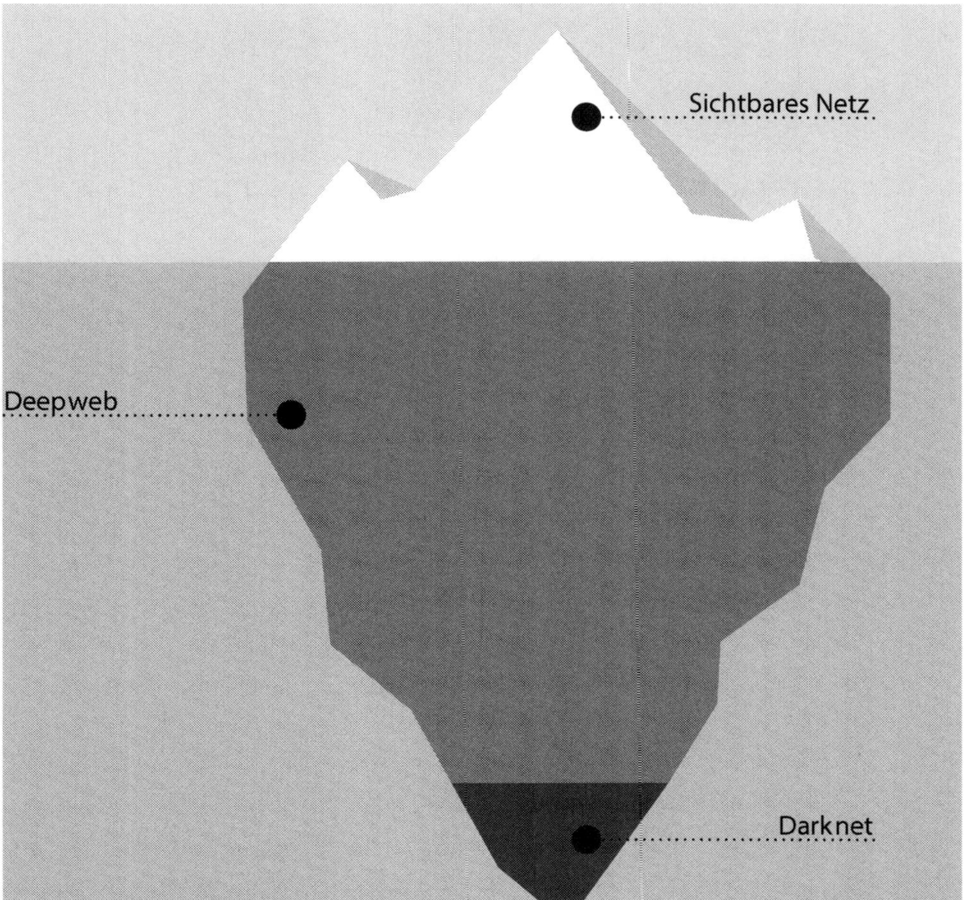

Abbildung 3

„Wenn Sie das Darknet betreten [...], dann finden Sie alles. Es gibt Anleitungen, wie man eine Bombe baut, es gibt Anleitungen, wie man sich hackt. Das Darknet ist ein Ort, an dem sich Menschen treffen, die sich vorher abgesprochen haben, wie sie sich treffen und wo sie sich treffen." (Sabina Wolf, Expertin für Internetkriminalität)

Der Mythos, dass Bitcoin ausschließlich von Kriminellen genutzt wird, stimmt nur teilweise. Im Jahr 2011 wurde Bitcoin zu einer Art Standardwährung im Darknet. Inzwischen nutzen die Kriminellen aber sogenannte Privacy Coins wie Monero oder Dash, weil sie ihre Identität schützen.

Heute ist der Bitcoin in unserem Alltag angekommen. Man kann in einigen Geschäften mit Bitcoins bezahlen, Online-Produkte oder sogar Autos kaufen. Überweisungen von A nach B sind kinderleicht und es spielt keine Rolle, ob sie Ihrem Nachbarn etwas überweisen oder das Geld ans andere Ende der Welt schicken.

Der Großteil wird jedoch als Investition gehalten. Da es maximal 21 Millionen Bitcoins gibt, ist eine Inflation unmöglich. Es ist eine Art digitales Gold, mit dem man sich vor Inflation schützen kann.

Mythos 2: Bitcoin ist anonym

Wie im ersten Mythos erklärt, bevorzugen Kriminelle die Verwendung von anonymen Münzen, um ihre Identität zu schützen. Bitcoin ist nicht anonym, sondern pseudonym. Es ist ein offenes Buch, bei dem jeder sehen kann, was und wie viele Bitcoins man wohin geschickt hat.

Sobald man eine Wallet hat, bekommt man eine Bitcoin-Adresse.

z.B.: 125pNjdtCdYjUto253T6NHNXVgR7gDQFK8

Bei einer neuen Adresse weiß niemand, wem sie gehört. Spätestens aber, wenn sie Transaktionen durchführen oder die Bitcoins in Euro auszahlen wollen, müssen Sie Ihre Bankverbindung und damit Ihre Identität preisgeben.

Alle Ihre Transaktionen sind dann für jeden sichtbar und Sie können nichts dagegen tun, weil diese für immer in der Blockchain zu finden sein werden.

Mythos 3: Früher oder später werden Staaten Bitcoin verbieten

Bitcoin zu verbieten ist so ähnlich wie das Internet zu verbieten. Es ist praktisch nicht möglich. Denn wie gesagt, Bitcoin ist dezentralisiert und daher gibt es keinen Aus-Schalter.

Allerdings kann der Staat den Zugang zu Bitcoin-Börsen verbieten, erschweren oder stärker besteuern, was den Bitcoin-Handel unattraktiv machen würde.

Wie funktioniert die Blockchain?

Blockchain wurde erstmals 1991 als Idee beschrieben. In erster Linie ist die Blockchain ein öffentliches elektrisches Ledger, eine Art Datenbank. Obwohl es einfach klingt, glauben einige Experten, dass es unsere Welt revolutionieren wird. Manche gehen sogar so weit, sie mit der Erfindung des Internets zu vergleichen. [5]

Ein Grund mehr, einige Grundlagen darüber zu wissen.

Damit eine wirklich revolutionäre Technologie die Welt verändern kann, muss sie in der Lage sein, ein Problem in der Gesellschaft zu lösen. Das Problem, das die Blockchain lösen will, ist Vertrauen. In einer so vernetzten Welt, in der wir leben, ist es unmöglich, jedem zu vertrauen, weshalb wir uns ganz auf große Vermittler wie Banken, Regierungen, Unternehmen etc. verlassen. Diese Vermittler wickeln die Geschäfte und Transaktionen für uns ab, weshalb wir ihnen vertrauen. Aber das bringt auch einige Probleme mit sich. Ein Vermittler kann in der Regel gehackt werden, weil die Daten zentral auf einem Computer liegen. Der Prozess wird verlangsamt, weil mehrere Transaktionen gleichzeitig geprüft werden müssen. Außerdem nehmen die Vermittler oft eine Gebühr von 10 bis 30 Prozent. Diese Vermittler, die eigentlich nur einen kleinen Teil des Umsatzes verlangen, werden mit der Zeit immer mächtiger und erlangen eine Monopolstellung.

Die Blockchain versucht, diese Probleme zu lösen. Es gibt nicht so etwas wie eine Blockchain. Es ist mehr ein System oder eher ein Verzeichnis eines Projekts. In unserem Fall beschäftigen wir uns hauptsächlich mit Kryptowährung. Es gibt aber auch andere Bereiche, in denen die Blockchain eingesetzt wird. Versicherungen und Banken nutzen ihre eigene Blockchain, um Zahlungen abzuwickeln, die Identität und Dokumente zu schützen oder die Identität zu authentifizieren. Allerdings handelt es sich dabei um unternehmensinterne Blockchains, in die die Nutzer keinen Einblick haben.

Wir konzentrieren uns auf die Peer-to-Peer-Technologie, bei der jeder Miner eine Kopie der Blockchain hat und diese auf dem neuesten Stand hält. Dies kann man sich wie ein Stück Papier vorstellen, auf dem Änderungen protokolliert werden.

Mia sendet 50€ an Leon
Ben sendet 20€ an Felix
Lisa sendet 100€ an Mila
Felix sendet 20€ an Mia
...

Abbildung 4

Nun fragt man sich, ob das so sicher ist, da jeder eine Manipulation durchführen könnte. In der Tat kann jeder dort hineinschreiben, was er will, die Frage ist nur, ob das von der Mehrheit akzeptiert wird. Es gibt drei Faktoren, die man verstehen muss.

» Welche Blockchain wird verwendet?
» Wer ist berechtigt, Einträge vorzunehmen?
» Wie entscheiden die Nutzer, ob die Blockchain korrekt ist?

Welche Blockchain wird verwendet?
Die Blockchain, in der die meisten Blöcke vorhanden sind, ist die aktuelle und wird von den Benutzern verwendet.

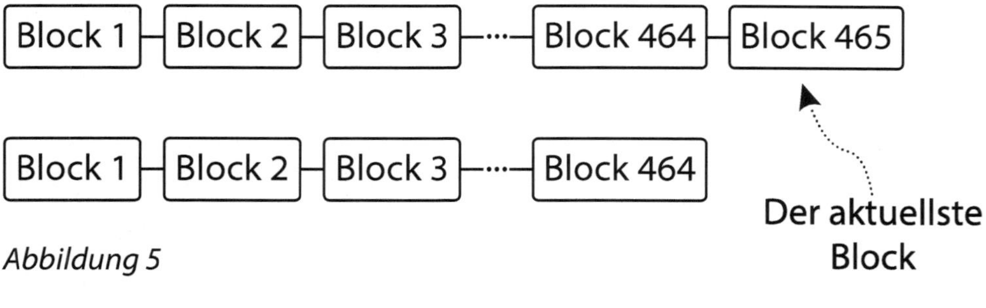

Abbildung 5

Wer ist berechtigt, Einträge vorzunehmen?
Der Miner, der einen Block findet, darf den neuesten Block eintragen. Hier gibt es zwei verschiedene Methoden.

Proof-of-Work
Bitcoin wird mit dem sogenannten „Proof of Work" am Laufen gehalten. Die Miner setzen ihre Rechenleistung ein, um möglichst schnell einen Block zu finden. Wer mehr Rechenleistung hat und damit auch mehr Strom verbraucht, hat eine höhere Chance, einen solchen Block zu finden. Dieser Proof of Work dient als eine Art Sicherheit, damit nicht nur kleine CPU's abstimmen. Deshalb liest man auch oft in der Zeitung, wie umweltschädlich der Bitcoin ist. Aber nur so ist die Manipulationssicherheit gewährleistet.

Proof-of-Stake
Ethereum und andere Coins wollen das Problem des hohen Stromverbrauchs in Zukunft vermeiden und arbeiten mit einem sogenannten Proof-of-Stake-System. Je mehr Coins der Miner besitzt, desto öfter darf er einen Eintrag machen. Das bedeutet, dass die Miner nicht so viel Rechenleistung benötigen wie bei Proof-of-Work. Wenn ein Miner versucht, einen Block zu manipulieren und dies bemerkt wird, verliert der Miner seine Coins.

Auch die Skalierbarkeit der Transaktionen ist ein großes Problem, weshalb viele nach alternativen Lösungen suchen. Zum einen muss das Netzwerk sicher sein, zum anderen will man nicht so viel Energie verschwenden. Es wird nach anderen Lösungen gesucht, die noch sicherer und effektiver sind als PoW oder PoS.

Wie entscheiden die Nutzer, ob die Blockchain korrekt ist?

Damit ein Eintrag in der Blockchain als korrekt anerkannt wird, gibt es folge Gegenstände, die ein Block enthält:

- » Versionsnummer der Software
- » HASH des vorherigen Blocks
- » Root HASH
- » Die Zeit
- » Bits
- » Nonce Wert (Proof-of-Work)

Eine perfekte Verkettung funktioniert nur dann, wenn der neue Block immer die Information vom Alten übernimmt. Dadurch wird eine Reihenfolge gebildet, die eine bestimmte Struktur hat. Ein falscher Eintrag würde so direkt auffliegen, da die Kombination nicht zusammenpasst.

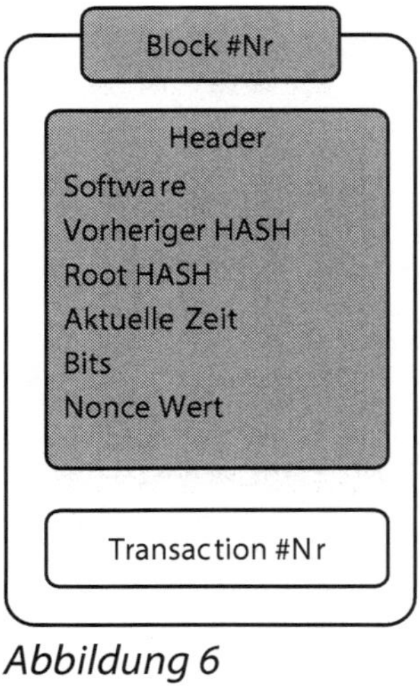

Abbildung 6

HASH
Ein HASH ist eine Verschlüsselung, die in unserem Fall genau 64 Zeichen hat. Egal, wie lang Ihr Passwort oder Schlüssel sein mag, Ihr HASH hat 64 Zeichen. Sie können es sich wie Ihre Bank-PIN vorstellen.

Wenn Sie an der Kasse mit Ihrer Karte bezahlen wollen, müssen Sie Ihre PIN eingeben. Damit dies sicher geschieht, darf niemand außer Ihnen die PIN kennen, auch nicht Ihre Bank. Doch wie prüft die Bank, ob Sie den richtigen PIN eingegeben haben? Hier kommt die sogenannte HASH-Verschlüsselung ins Spiel.
Ich denke, mit einem kleinen Beispiel verstehen Sie das Prinzip besser.

Ihre persönliche PIN lautet: 1234
Die entsprechende HASH wäre:
03ac674216f3e15c761ee1a5e255f067953623c8b388b4459e13f978d7c846f4

Die Bank erhält also den folgenden Block von Ihnen:

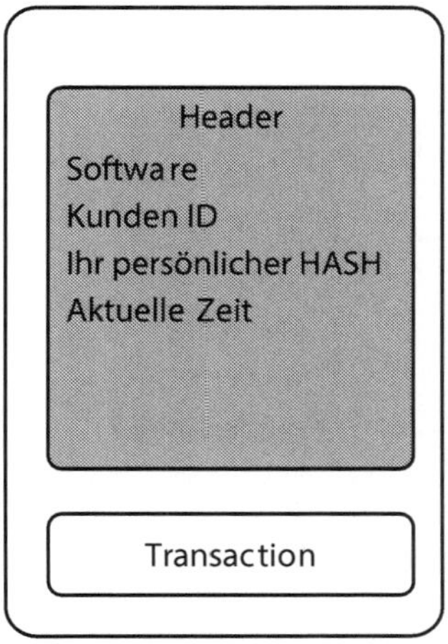

Abbildung 7

Wenn wir zum Beispiel unsere PIN um 1 erhöhen, haben wir den folgenden HASH:

PIN: 1235
HASH:
310ced37200b1a0dae25edb263fe52c491f6e467268acab0ffec06666e2ed959

PIN: 1234
HASH:
03ac674216f3e15c761ee1a5e255f067953623c8b388b4459e13f978d7c846f4

Wie Sie sehen können, führen minimale Änderungen zu einem völlig neuen HASH. Mit dieser Methode können wir uns authentifizieren, ohne unseren echten PIN weiterzugeben.

Wenn Sie einmal Ihr eigenes HASH generieren möchten, können Sie dies ganz einfach unter https://www.passwort-generator.org/hashgenerator tun.

Generieren Sie Ihre HASH in SHA-256, da dies die aktuelle Standardverschlüsselung ist.

TIPP:

Wenn Sie einmal ein wirklich sicheres Passwort benötigen, sich dieses aber nicht ständig merken wollen, erstellen Sie einfach ein HASH und rufen es bei Bedarf immer wieder in einem solchen HASH-Generator ab.

Dies könnte so aussehen:

Ihre persönliche Erinnerung: Dies ist mein Passwort für meine Kryptowährung

Das daraus resultierende Passwort:

ad0193200653d5c346b21f5973c2e1e97f9f381bb48c690982b61b3f33869c95

Es ist relativ einfach, Ihren eigenen HASH zu ermitteln, wenn Sie Ihre persönliche PIN haben. Aber die Funktion erlaubt es uns nicht, eine Rückwärtsbestimmung durchzuführen, da sich bei minimaler Änderung der gesamte HASH ändert.

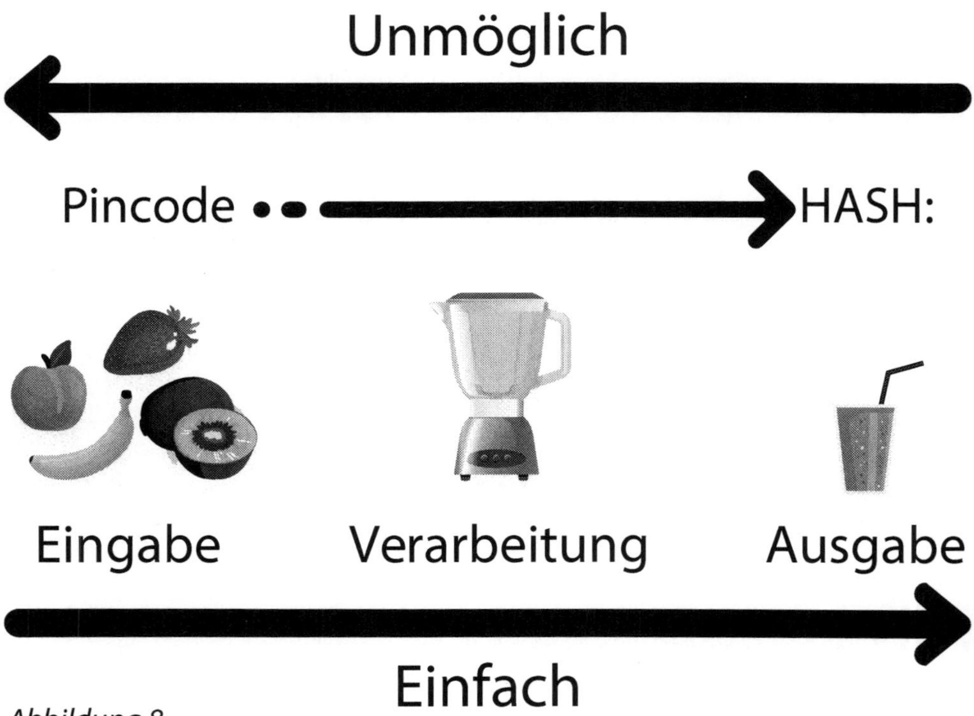

Abbildung 8

Miner

Je mehr Menschen sich an der Blockchain beteiligen, desto sicherer ist die Kryptowährung. Sogenannte Miner sind ständig auf der Suche nach Blöcken und werden dafür mit Kryptowährung belohnt. Außerdem bekommen sie für jede Transaktion, die sie bestätigen, eine Gebühr.

Als Nutzer haben sie damit nichts zu tun. Sie erstellen eine Transaktion und entscheiden, wie viel Sie dafür bezahlen wollen. Die Gebühr, die Sie festlegen, ist eine

Art Trinkgeld, das Sie dem Miner für die Bestätigung Ihrer Transaktion geben. Je höher die Gebühr, desto schneller wird Ihre Transaktion bestätigt. Es spielt keine Rolle, ob Sie 5€ oder 50.000€ senden, die Gebühr bleibt die gleiche.

Wallet

In einer Wallet werden Kryptowährungen verwaltet, aber nicht direkt gespeichert. Die Kryptowährungen befinden sich in der Blockchain und mit Hilfe einer Wallet können Sie nachweisen, dass Sie der Besitzer sind. Hierfür gibt es sogenannte private Schlüssel und öffentliche Schlüssel. Der private Schlüssel ist Ihr persönlicher Schlüssel, oft Seed genannt. Ein Seed ist eine Zeichenkette, die aus 12 bis 24 Wörtern besteht. Mit diesen Wörtern können Sie sich bei der Wallet anmelden und einen öffentlichen Schlüssel erstellen.
Der öffentliche Schlüssel ist eine Art Signatur, die Sie setzen und damit beweisen, dass Sie der Besitzer sind. Dies ist das Prinzip der HASH-Funktion. In der Praxis gibt es drei Arten von Wallets, die wir uns auf der nächsten Seite genauer ansehen werden.

Cold Wallet
Die Cold Wallet, oder auch Offline-Wallets genannt, sind Wallets, die nicht mit dem Internet verbunden sind. Hier wird die höchste Sicherheit erreicht. Der Nachteil ist ein hoher Aufwand, wenn Sie die Bitcoins verschicken wollten. Eine Cold Wallet eignet sich zum langfristigen Halten.

Hardware Wallet
Eine Hardware Wallet ist die gängigste Wallet. Sie basiert auf dem Cold-Wallet-Prinzip und muss nur für eine Transaktion mit dem Internet verbunden sein. Für diese Wallets gibt es speziell hergestellte Geräte und Software. Nur wer die Hardware besitzt, kann eine Transaktion durchführen.

Hot Wallet
Eine Hot Wallet ist das Gegenstück zu einer Cold Wallet und ist jederzeit mit dem Internet verbunden. Eine Hot Wallet ist z. B. die Wallet an der Börse, bei der Sie ständig Zugriff auf Ihre Bitcoins haben. Diese Art von Wallet ist für kleine Beträge geeignet, mit denen sie handeln oder aktiv Transaktionen durchführen.

TIPP:

Ich empfehle, dass Sie den Großteil Ihrer Kryptowährung offline (Cold Wallet) aufbewahren, damit Sie die Kontrolle darüber haben. Es besteht die Gefahr, dass ein Anbieter wie eine Börse gehackt werden kann.
Andererseits müssen sie Ihre Hardware sicher aufbewahren und Ihre Schlüsselwörter kennen. Wenn Sie die Hardware oder Ihre Schlüsselwörter verlieren, gibt es keine Möglichkeit, an Ihr Passwort zu kommen. Es ist nicht ungewöhnlich, dass Benutzer den Zugriff auf ihre Brieftasche verlieren.

Wo kann ich Kryptowährung kaufen

Wenn Sie sich entschieden haben, Kryptowährung zu kaufen, haben Sie mehrere Möglichkeiten und Anbieter. Sie müssen nicht über eine Bank oder einen Investmentfonds kaufen. Es gibt mehrere Krypto-Börsen, wo Sie verschiedene Kryptowährungen kaufen können. Der Vorteil ist, dass es viel günstiger ist, als wenn Sie diese über einen Vermittler kaufen.

In der Tabelle unten finden Sie einige Plattformen, auf denen Sie Kryptowährung kaufen können.

Meine Empfehlung wäre die Plattform Binance, weil sie eine große Auswahl an Kryptowährungen haben und die Gebühr sehr niedrig ist. Eine detaillierte Schritt-für-Schritt-Beschreibung finden Sie im Kapitel (Kryptowährung kaufen).

Kryptobörsen-Vergleich	Digital Exchange	coinbase	Bitstamp	Binance
Kostenlose Ein- und Auszahlung (EUR)	✓	0,15 € pro Transaktion	Einzahlung: Ja Auszahlung: 3 €	✓
Keine Kontoführungsgebühr	✓	✓	✓	✓
Abhebung von Kryptowährungen möglich	✓	✓	✓	✓
Transaktionsentgelt	0,2% - 0,35%	max. 0,5%	max. 0,5%	0,04% - 0,1 %
SEPA Einzahlung	✓	✓	✓	✓
Mobile App iOS und Android	✓	✓	✓	✓
Kostenlose Verwahrung	✓	✓	✓	✓
Standort	Deutschland	Vereinigte Staaten	Luxemburg und London	Malta

*Abbildung 9**

* Quelle: https://www.finanzen.net/ratgeber/krypto-exchange-vergleich-kryptoboersen-vergleich/

Non-Fungible-Token (nicht-fungible-Token)

Was sind Non-Fungible-Token (NFT)

Wie der Name schon sagt, ist ein Non-Fungibler-Token ein einmaliger kryptografischer Token. Im Vergleich zu fungiblen Token wie Bitcoin, ist dieser nicht austauschbar. Dies macht den Token so besonders. Es ist möglich, dass jemand eine Kopie erstellt, die eventuell genau gleich aussieht. Doch im Kern gibt es nur das eine Original.
Beispiel für ein NFT können Sammelkarten, Spielgegenstände, digitale Kunst, Veranstaltungstickets, oder sogar Eigentumsnachweise sein.
Beachten Sie, dass die Fungibilität relativ ist. Für mich könnte ein seltener Penny 1 Cent wert sein, für einen Münzensammler aber mehr. Das Gleiche gilt für das teuerste Bild der Welt, „Salvator Mundi“, das für 400 Millionen Doller versteigert wurde. [6] Es kann für den einen extrem wertvoll sein, und für einen anderen eher weniger. Das beste Beispiel sind vermutlich Sammelkarten, die man als Kind oder auch als Erwachsener sammelt. Sie stellen keinen Gegenwert dar, sind aber für Viele eine schöne Erinnerung.

NFTs werden besonders interessant für digitale Assets wie Musik, Spiele, Veranstaltungstickets usw. Wir leben in einer Zeit, in der wir so viel digitales Zeug haben, aber es nicht wirklich besitzen. Sie haben vielleicht das Recht an einem Bild. Aber woher weiß ein Nutzer, dass es Ihnen gehört oder wie er das Recht an dem Bild kaufen kann? Wenn Sie schon einmal versucht haben, ein digitales Asset, wie ein Bild, zu verkaufen oder zu versteigern, haben Sie vielleicht festgestellt, dass das gar nicht so einfach ist. Deshalb gibt es NFT-Tokens, die genau einem Asset zugeordnet sind. Der Eigentümer kann einen NFT-Token erstellen und nachweisen, dass er der alleinige Eigentümer ist. Wenn er den Asset verkaufen oder eine Lizenz zur Nutzung vergeben möchte, überträgt er seinen NFT-Token an den Käufer.

Es ist vergleichbar mit einem Auto. Beim Kauf oder Verkauf eines Autos werden nicht nur die Schlüssel übergeben, sondern auch der Fahrzeugschein. Wer den Fahrzeugschein hat, kann beweisen, dass er der Eigentümer des Fahrzeugs ist. Die Vorlage des Fahrzeugscheins soll verhindern, dass gestohlene Fahrzeuge auf die Straße gebracht werden.
So ähnlich wie bei einem Fahrzeugschein können Sie sich einen NFT-Token vorstellen.

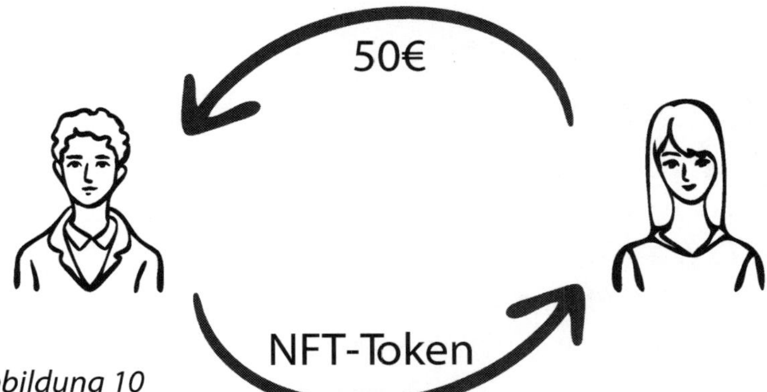

Abbildung 10

NFT und Blockchain

Damit man die NFTs leicht und sicher handeln kann, gibt es hier eine Standarte zu beachten. Hier kommen die Blockchains ins Spiel. Herkömmliche digitale Assets wie Veranstaltungstickets oder Sammelstücke in einem Spiel werden nicht einheitlich vertreten. In einem Spiel werden Sie digitale Assets anders als auf einer Event-Seite erwerben können. Sie vertrauen also dem Spielentwickler oder gewissen Homepages, dass der Service auch lange online bleibt bzw. auch das liefert, was er verspricht. Nun ist es unmöglich, alle Entwickler, Künstler, Verkäufer und Käufer unter einem Hut zu bringen. Man könnte dies mit Gesetzen versuchen, aber auch das wird schwierig. Erst recht, wenn man etwas aus dem Ausland erwerben möchte.
Um diese Problematik zu umgehen, wurde eine Blockchain mit gewissen Standards entwickelt, an die sich die NFT Käufer und Verkäufer halten müssen. Sie als Nutzer bekommen davon nichts mit. Ähnlich wie beim Bitcoin-Kauf müssen gewisse Informationen in die Blockchain eingetragen und auf ihre Vollständigkeit geprüft werden. Standarte wie ERC721 und ERC1155 werden wir uns im nächsten Kapitel noch genauer anschauen.

Der große Vorteil, den alle Nutzer haben, ist die einfach Handhabung. Digitale Assets, z.B. aus einem Spiel, können ganz einfach auf eine Plattform übertragen werden. Sobald Sie ein NFT besitzen, können Sie auf eine beliebige Plattform gehen, sich dort anmelden und haben dann dieses Asset automatisch auf der neuen Plattform. Es ist eine Art Wallet, die auf allen Plattformen funktioniert und Ihnen den Handel leichter macht.

Warum sind NFTs wichtig?

Aufgrund einer rivalisierenden Entdeckung wurden die NFTs durch die Krypto-Nutzer sehr berühmt. Plötzlich hatten Gamer und Sammler eine Möglichkeit, durch ihre digitalen Assets Geld zu machen. Seit 2017 hat der NFT-Umsatz mehr als 600 Millionen US-Dollar geknackt. [10]

Dank der Blockchain Technology werden Gamer und Sammler nicht nur Besitzer, sondern auch Eigentümer von Gegenständen. Dieser einzigartige Gegenstand wird auch als sein NFT-Token gekennzeichnet und kann so für viel Geld verkauft werden. Es wurden sogar Spiele entwickelt, die nur darauf bestehen, digitale Gegenstände zu finden. Decentraland dürfte eins der berühmtesten solcher Spiele. Seine Nutzer können sich dort in einer digitalen Welt bewegen und gegen eine Gebühr gewisse Boxen öffnen. In diesen Boxen befinden sich Gegenstände, die auf Plattformen weiterverkauft werden können. Es ist also eine Art Sammelspiel.
Künstler können das erste Mal in der Geschichte ihre digitalen Werke weltweit präsentieren und verstei-

gern. Dafür müssen sie nicht auf eine Versteigerung gehen oder in einer Galerie ausstellen, wofür sie noch zusätzlich eine Gebühr bezahlen müssten. Ihre Werke können direkt digital verkauft werden. Der Verkauf kann sogar so eingestellt werden, dass der Eigentümer bei jedem weiteren Verkauf einen Prozentteil des Verkaufspreises erhält.

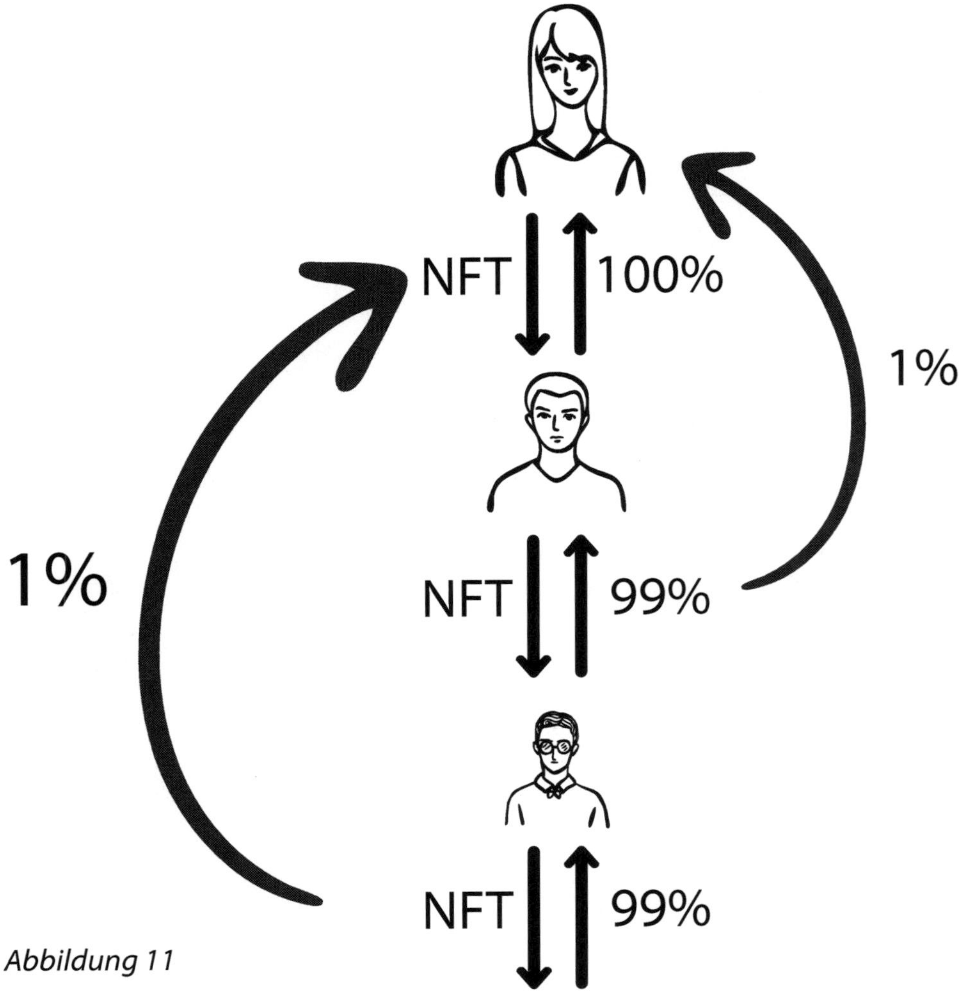

Abbildung 11

Wert eines NFTs

So wie der Token selbst, ist auch sein Wert individuell. Oft werden Abstufungen von Tokens verkauft. Bestes Beispiel sind die berühmten NBA TopShots. Dort werden Token zu Aufnahmen von ca. 5-10 Sekunden von besonderen Spielen verkauft. Dabei gibt es nicht den einen Token, sondern oft bis zu 100.000 Token für das eine Video. Der Unterschied ist meist nur das Ranking der Token. Der erste ist natürlich mehr wert als der 100ste etc.

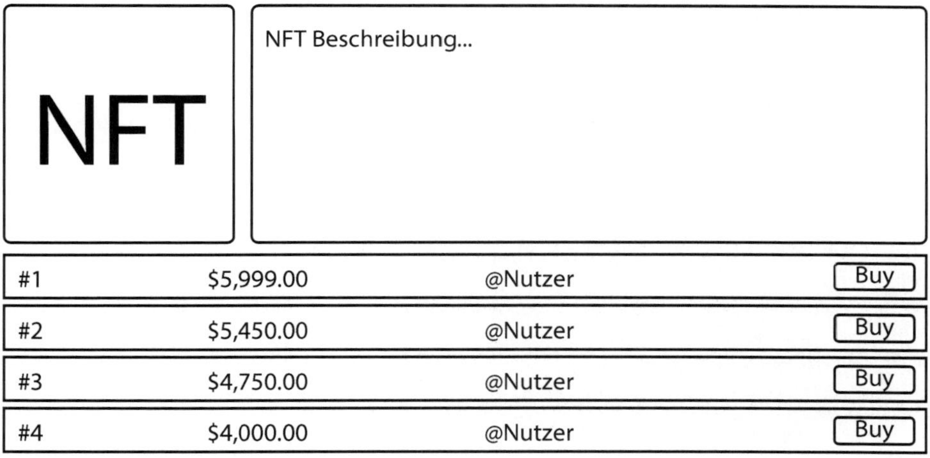

Abbildung 12

Nicht selten werden die ersten 10 Token für etwa 150.000$ bis 250.000$ verkauft. Ein ähnliches Projekt und auch sehr berühmt ist CryptoKitties. Auch hier werden Karten gekauft und weiter gehandelt.

Doch dazu mehr im Kapitel erfolgreiche NFT Projekte.

Was ist nun der Grund dafür, dass Videoausschnitte oder Sammelkarten einen so hohen Wert haben? Sie sind ja nicht wirklich der Besitzer der Items. Sie besitzen lediglich einen Token dazu. Die Antwort dürfte simpel sein. Es ist eine Art Geschichte, die für einen Sammler einen großen Wert hat. Ähnlich, wie in der echten Welt Münzen oder Briefmarken gesammelt werden, werden in der Digitalen Welt Items gesammelt. Investoren kaufen die Token in der Hoffnung, sie eventuell in 10, 20 oder 50 Jahren für einen höheren Preis zu verkaufen. Sammler wollen die Geschichte der Anfänge des NFTs.

Sind NFTs neu?

Die Idee von NFTs gab es bereits 2012, aber erst 2017 wurde das Feld der NFTs wirklich populär. [10] Das CryptoKitties-Projekt brachte dem NFT-Projekt eine Menge Aufmerksamkeit. Das erste Mal wurden digitale Sammelkarten versteigert. Danach ging es mit dem NFT-Bereich zurück, bis es schließlich im Jahr 2020 einen neuen Trend gab. Projekte und Sammelkarten aus dem Jahr 2017 wurden für mehrere Millionen US-Dollar versteigert. Neue Projekte und neue Plattformen kamen zum Vorschein. Das teuerste Projekt war wohl „Everydays: the First 5000 Days", das für 69,3 Millionen US-Dollar versteigert wurde. [11]

In letzter Zeit, so zeigen die Google-Suchtrends, ist das Interesse an NFTs explodiert. Das liegt daran, dass so viele Projekte gestartet wurden. Die Entwickler von

CryptoKitties haben ein neues Projekt namens TopShot ins Leben gerufen. Ganze Spiele wurden entwickelt, um digitale Assets zu sammeln. Es wurden auch viele neue Marktplätze geschaffen, die den Handel mit NFTs extrem vereinfachen.

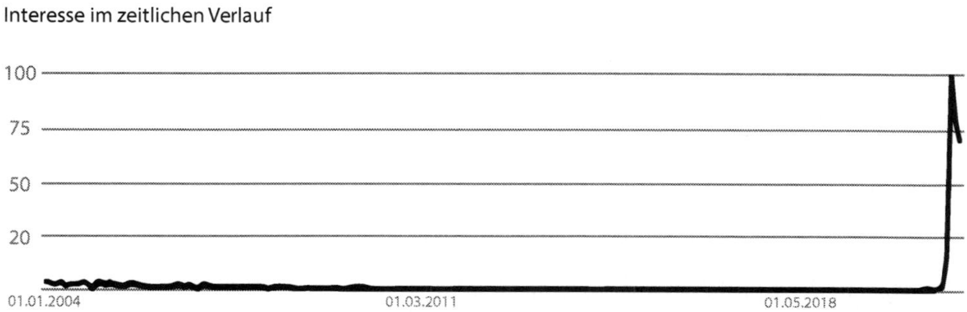

Abbildung 13 (Google Trends)

Die Erfolgreichsten NFT Projekte

Nun haben wir schon öfters über bekannte NFT Projekte gesprochen. Was diese im Detail machen, sehen wir uns nun genauer an.

CryptoKitties

CryptoKitties ist ein Spiel, in dem Sie virtuelle Katzen sammeln, züchten und sogar für echtes Geld verkaufen können. Jede einzelne Katze im Spiel ist völlig einzigartig und auch unmöglich zu replizieren. Nach dem Kauf einer Katze sind Sie der alleinige Eigentümer dieser Karte. Dies wird in der Blockchain abgespeichert und ist dezentral. Somit kann Ihnen keiner die Sammelkarte wegnehmen oder löschen.

Die Katzen, die Sie kaufen können, können aus verschiedenen Generationen stammen. Die Generation, aus der eine Katze stammt, ist unter der Karte zu sehen. Nehmen wir an, wir haben zwei Katzen, die beide Teil der zweiten Generation sind. Wenn sich diese beiden Katzen dann verpaaren, ist der Nachwuchs Teil der dritten Generation.

Sobald Sie zwei der virtuellen Katzen gezüchtet haben, beginnt eine „Ruhephase", bevor Sie mit den gleichen Katzen erneut züchten können.

Wenn Sie mit der Zucht fortfahren, bewegen sich die Katzen in den Generationen weiter, und die Vermischung der Gene schreitet voran.

Abbildung 14

Decentraland
Decentraland ist eine virtuelle Welt und Gemeinschaft, die auf der Blockchain-Technologie basiert. Spieler entwickeln und besitzen Grundstücke, Kunstwerke und NFTs. Wenn Sie das Spiel Second Life oder Sims kennen, könnte Sie auch Decentraland interessieren. Das Spiel wird ständig weiterentwickelt und ist von einer einfachen 2D-Perspektive zu einer großen 3D-Welt vorangeschritten.

Im Gegensatz zu den meisten Online-Spielen haben die Spieler direkte Kontrolle über die Regeln der Online-Welt. Die DAO (Datenzugriffsobjekt) ermöglicht es Token-Inhabern, direkt über die Richtlinien im Spiel und in der Organisation abzustimmen. Dieser Mechanismus wirkt sich auf alles aus, von der Art der erlaubten Gegenstände bis hin zu Investitionen.

Um abstimmen zu können, benötigen Sie Decentraland (MANA) Coins. Sie können Umfragen starten und sich an Umfragen beteiligen. Ihr Stimmrecht richtet sich danach, wie viele MANA-Coins sie besitzen.

OpenSea
OpenSea ist ein dezentraler NFT-Marktplatz, auf dem NFTs gekauft, verkauft und gehandelt werden können. In der Tat ist OpenSea der größte Marktplatz für digitale Waren. Es lohnt sich daher, einen genaueren Blick auf OpenSea und die Vorteile der Plattform für

den Handel mit NFTs zu werfen. Der Kauf oder Verkauf funktioniert relativ einfach. Sie verbinden sich mit Ihrer Krypto-Wallet und haben sofort die Möglichkeit, ein NFT zu kaufen. Die Wallet muss alle Arten von Ethereum-basierten Token unterstützen. Die am häufigsten dafür verwendete Wallet ist eine MetaMask. Wir werden im nächsten Kapitel sehen, wie genau das funktioniert und wie wir eine Wallet einrichten.

Everydays: the First 5000 Days

Everydays: the First 5000 Days ist ein digitales Kunstwerk, das von Mike Winkelmann, besser bekannt als Beeple, geschaffen wurde. Das Werk ist eine Zusammenstellung von 5000 digitalen Bildern, die Winkelmann für seine „Everydays"-Serie erstellt hat. Das NFT mit der Darstellung „Everydays: the First 5000 Days" wurde 2021 für 69,3 Millionen Dollar verkauft. Dies ist der höchste Preis, der je für ein NFT bezahlt wurde und das drittteuerste Werk eines lebenden Künstlers.

Der Käufer, der unter dem Pseudonym MetaKovan bekannt ist, ist ein Programmierer aus Singapur. MetaKovan erhält zwar die Rechte, das Kunstwerk auszustellen, aber nicht das Copyright. Er hat das Kunstwerk in voller Auflösung in einem digitalen Museum im Metaverse ausgestellt.

Praxis

Was wir für den Handel brauchen

Im praktischen Teil geht es um den Handel mit NFTs. Hier finden Sie eine Schritt-für-Schritt-Anleitung und was Sie im Vorfeld benötigen. Wir werden auch zum ersten Mal Kryptowährungen kaufen. Auch wenn Sie bereits Erfahrung haben, empfehle ich Ihnen, diesen Abschnitt zu lesen, um zu sehen, ob es Vor- oder Nachteile im Vergleich zu anderen Plattformen gibt. Außerdem werden wir uns ein wenig mit den sogenannten dezentralen Börsen beschäftigen und wie sie sich von den üblichen Börsen unterscheiden.

Handelsplattform

Das erste, was Sie brauchen, ist eine Handelsplattform. Dies wurde im Kapitel ausführlich besprochen: (Wo kann ich Kryptowährung kaufen).
Achten Sie darauf, dass Sie eine Handelsplattform verwenden, mit der Sie Ihre Kryptowährung versenden können. Dies können Sie mittlerweile auf fast allen Plattformen tun. Die bekanntesten dieser Plattformen sind:

» bitcoin.de
» Coinbase
» Bitstamp
» Binance
» Bitfinex
» Kraken

Wenn Sie bereits etwas Erfahrung mit dem Kauf und Verkauf von Kryptowährungen haben, empfehle ich Ihnen die folgenden zwei dezentralen Anbieter:

Pancakeswap —> https://pancakeswap.finance/
Uniswap —> https://uniswap.org/

Hier sind die Gebühren sehr niedrig und man kann 99% aller Kryptowährungen auf dem Markt kaufen. Allerdings benötigen Sie eine Krypto-Wallet, z. B. MetaMask, die wir im nächsten Kapitel besprechen werden, und eine Plattform wie Binance, mit der Sie in die Krypto-Wallet einzahlen können.

Kauf von Kryptowährung

Da eine hohe Flexibilität und niedrige Gebühren für einen Markt wichtig sind, verwenden wir in diesem Beispiel den Anbieter Binance. Hier sind die meisten Kryptowährungen verfügbar und Sie können in der Regel bereits EUR in die gewünschte Währung umtauschen. Neue Kryptowährungen werden in der Regel zunächst in USDT angeboten, d.h. Sie müssen EUR in USDT wechseln und können dann die gewünschte Währung mit USDT kaufen. Der Prozess des Kaufs von Kryptowährungen ist bei den meisten Handelsplattformen sehr ähnlich.
Um eine NFT zu kaufen, benötigen wir nur Ethereum. Diese sollten auf den meisten Plattformen direkt für Euro gekauft werden können.

Folglich ist eine Schritt-für-Schritt-Anleitung für die Binance-Plattform verfügbar.

1. Melden Sie sich mit Ihrem Konto an.
2. Klicken Sie auf Wallet.
    - 2.1 App: unten rechts Wallets
    - 2.2 Browser: Wallet -> Spot
3. Wählen Sie die Währung EUR
4. Klicken Sie auf Einzahlung
    - 4.1 App: unten rechts
    - 4.2 Browser: Rechte Seite unter Aktion
5. Wählen Sie, wie Sie Geld einzahlen möchten
    - 5.1 SEPA -> gebührenfrei
    - 5.2 Visa/MC -> 1,8%
    - 5.3 iDEAL -> 1,3€
6. Geben Sie den Betrag ein, den Sie einzahlen möchten
7. Führen Sie die Überweisung durch oder geben Sie Ihre Kreditdaten ein

Sobald Sie eine Einzahlung vorgenommen haben, sehen Sie den eingezahlten Betrag unter Ihrer Wallet. Bei einer Banküberweisung kann dies ein paar Werktage dauern.

Jetzt kaufen wir für unseren Fall Ethereum (ETH), um später einen NFT zu kaufen.

Gehen Sie zurück zu Ihrer Wallet.

» Im Feld EUR sollte Ihr eingezahlter Betrag stehen

Browser:

1. Suchen Sie nach Ethereum (ETH)
2. Klicken Sie auf Kaufen
3. Geben Sie den zu kaufenden Betrag in EUR ein
4. Bestätigen Sie den Kauf

App:

1. Klicken Sie unten auf Handel
2. Wählen Sie oben Spot aus
3. Klicken Sie oben links auf die Währung, in der Sie handeln möchten, (ABC / XYZ)
4. Suchen Sie nach ETH / EUR
5. Geben Sie den Betrag ein, den Sie in EUR kaufen möchten
6. Bestätigen Sie den Kauf

Nach einem erfolgreichen Kauf sollten Sie nun den gekauften Betrag in Ethereum in Ihrer Wallet sehen.

Herzlichen Glückwunsch, Sie sind nun im Besitz einer Kryptowährung!

Krypto-Wallet erstellen (MetaMask)

In diesem Abschnitt werden wir eine digitale Geldbörse erstellen. Bitte beachten Sie, dass es sich hierbei nicht um eine Cold Wallet handelt. Dies ist eine Wallet, die Sie sehr flexibel von Plattform zu Plattform übertragen können. MetaMask ist eine Open-Source-Ethereum-Wallet, die alle Arten von Ethereum-basierten Token unterstützt (z. B. ERC-20-Standard-Token oder NFTs).

Um MetaMask zu verwenden, benötigen Sie einen geeigneten Browser:

- Chrome
- Firefox
- Brave
- Edge

1. Besuchen Sie die Seite https://metamask.io/
2. Gehen Sie auf „Download"
3. Klicken Sie auf „MetaMask für -Ihren Browser: z.B. Chrome- installieren"
4. Klicken Sie auf „Hinzufügen"
5. Nach der Installation öffnet sich eine neue Webseite, auf der Sie eine neue Wallet erstellen können. Klicken Sie auf „Jetzt starten"
6. Erstellen Sie ein neues Passwort und klicken Sie auf „Weiter"
7. Nun sehen Sie Ihre 12 Schlüsselwörter
8. **Lesen Sie diese Seite sorgfältig durch**

Sie müssen die vorgegebenen 12 Wörter aufschreiben und an einem sicheren Ort aufbewahren. Jeder, der diese 12 Wörter kennt, kann auf Ihre Wallet zugreifen. Wenn Sie diese 12 Wörter vergessen oder verlieren, können Sie Ihre Brieftasche niemals zurücksetzen. Es gibt keinen Support oder eine Funktion für vergessene Passwörter. Ihr Geld und Ihre Coins wären dann für immer verloren.

1. Wenn Sie Ihre Wörter gespeichert haben, fahren Sie fort
2. Geben Sie die Wörter in der richtigen Reihenfolge ein
3. Klicken sie auf Weiter

Ihre persönliche dezentrale Wallet ist nun fertig.

Oben rechts finden Sie nun Ihre MetaMaske. Sollten Sie diese nicht sehen, klicken Sie auf folgendes Symbol:

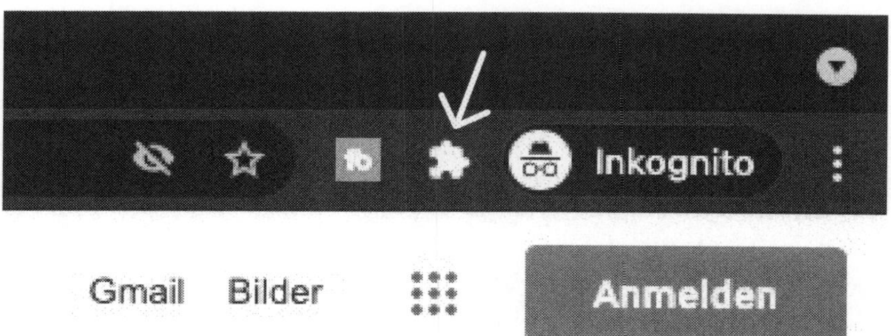

Abbildung 15

Sie werden nun Ihr Konto sehen. In der Regel gibt es einen Coin ETH mit einem Saldo von $0. Sie können nun einfach diese Wallet mit anderen Plattformen verbinden. Es ist Ihre persönliche Geldbörse, die nicht mit einer Webseite verknüpft ist. Hier können Sie auch andere Coins hinzufügen und sie gegen Items oder andere Währungen auf der Plattform eintauschen. Im nächsten Kapitel werden wir etwas Ethereum auf unsere Wallet übertragen, um unser erstes NFT zu kaufen.

Kryptowährung verschicken

Im vorherigen Kapitel haben wir besprochen, wie Sie Ethereum kaufen können. Nun wird das gekaufte Ethereum an Ihre Wallet gesendet. Dazu gehen wir zurück zu unserer Plattform, in unserem Fall Binance. Dort klicken wir auf unsere Wallet und gehen dann auf Einzahlung und Auszahlung. Suchen Sie nach Ethereum oder der Abkürzung ETH und klicken Sie auf Auszahlung.

Damit wir mit dem Ethereum flexibel von Plattform zu Plattform wechseln können, ohne jedes Mal eine Gebühr bezahlen zu müssen, schicken wir das Ethereum an unsere MetaMask. Später melden wir uns mit der MetaMaske bei der speziellen Plattform an und haben dort automatisch unsere Coins.

1. Melden Sie sich bei Ihrer MetaMask an
2. Kopieren Sie die ETH-Adresse in der MetaMask
3. Gehen Sie zurück zu Binance und fügen Sie die Adresse in das Feld ein (Adresse hier eingeben)
4. Wählen Sie das Netzwerk aus (in unserem Fall ist es ERC20 (siehe Abbildung 16)
    - 4.1 ERC20 -> ETH
    - 4.2 BEP20 -> Binance Smart Chain
    - 4.3 BEP2 -> BNB
5. Wählen Sie den Betrag, den Sie senden möchten
6. Klicken Sie auf Auszahlung

Im Durchschnitt wird Ihr Ethereum in etwa 2-5 Minuten ankommen. Wenn viele Leute das Netzwerk zum gleichen Zeitpunkt nutzen, kann dieser Vorgang länger dauern.

TIPP:

Starten Sie Ihre ersten Versuche mit geringeren Beträgen von rund 50€. Sobald Sie sich besser mit der Materie auskennen, können Sie auch größere Summer versenden, wodurch Sie am Ende auch Gebühren sparen.

Abbildung 16

Dezentrale Börsen für Kryptowährung (Nicht für NFT nötig aber nice to know)

Dezentrale Börsen ähneln Börsen wie Binance oder anderen Plattformen, auf denen Sie Ihre Coins kaufen können. Hier sind einige Vorteile gegenüber den allgemeinen Börsen:

- Keine Registrierung erforderlich
- Einfacher Austausch
- Anonymer Handel
- Meist höhere Belohnungen für Staking
- Neue Coins werden auf diesen Plattformen oft früher veröffentlicht

3 berühmte Plattformen sind:

- » PancakeSwap —> https://pancakeswap.finance/
- » SushiSwap —> https://sushi.com/
- » Unniswap —> https://uniswap.or

Sie können einfach auf „Use" ... oder „Connect Wallet" oben rechts klicken und Sie werden automatisch aufgefordert, die MetaMask zu verbinden. Nun können Sie einen Token zum Kauf auswählen und gegen einen der verfügbaren Token eintauschen. Stellen Sie sicher, dass Ihre MetaMask auf dem richtigen Netzwerk ist. Möglicherweise müssen Sie die Binance Smart Chain manuell hinzufügen.

Ich empfehle, dass Sie sich in Zukunft mit einer dieser Plattformen beschäftigen, um ein besseres Verständnis dafür zu bekommen. Sobald Sie mit einer dieser Plattformen vertraut sind, wird Ihnen die Nutzung anderer dezentraler Börsen einfacher fallen. Auch hier empfehle ich, zunächst einen kleinen Geldbetrag zu investieren, um mehr Erfahrung zu sammeln.

Wir kaufen unser erstes NFT

Nun ist es so weit. Ich hoffe, ich habe Sie nicht allzu sehr gelangweilt und Sie sind immer noch motiviert, Ihren ersten NFT zu kaufen. Sie können stolz auf sich sein, denn jetzt haben Sie das nötige Wissen und die notwendigen Mittel, um loszulegen. Die bekannteste

Webseite für den Kauf und Verkauf von NFTs ist OpenSea. Wir werden diese Website auch hier verwenden. Der Prozess des NFT-Kaufs verläuft bei verschiedenen Anbietern sehr ähnlich. Deshalb sollte der Wechsel zwischen den Plattformen sehr einfach sein.

1. Wir gehen auf die Seite opensea.io.
2. Klicken Sie auf das Wallet-Logo in der oberen rechten Ecke
3. Verbindne Sie die MetaMask

Nun sollten Sie oben rechts einen bunten Kreis sehen, in dem Sie auf „Mein Profil" gehen können. Gehen Sie nun auf das Symbol „Einstellungen". Dort können Sie einen neuen Benutzernamen, Ihre Biografie und Ihre E-Mail-Adresse eingeben, die noch einmal bestätigt werden muss.

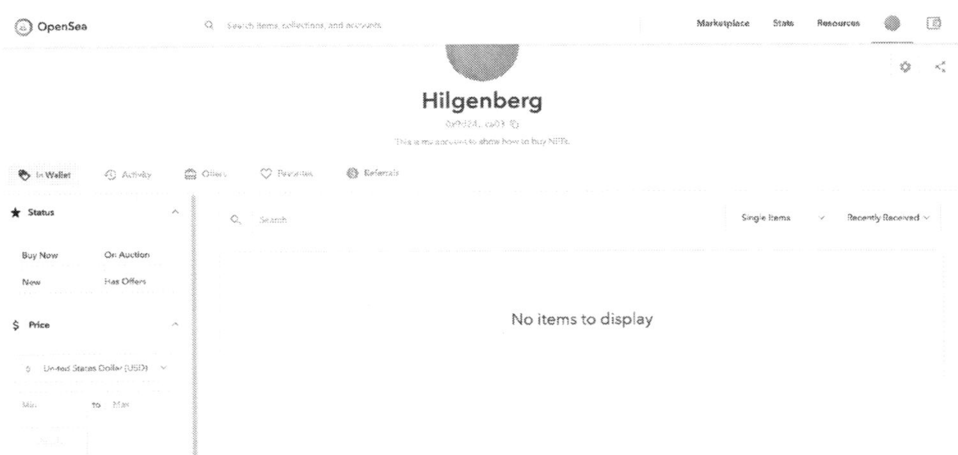

Abbildung 17

Sobald dies erledigt ist, können wir auf einen Marktplatz gehen und auf „Alle NFTs“ klicken. Nun sehen Sie die zum Verkauf stehenden NFTs. Wählen Sie einen aus, den Sie kaufen möchten. Auch hier empfehle ich, am Anfang einen günstigen zu kaufen, um den Prozess zu testen.
Wenn Sie sich entschieden haben, können Sie auf die NFTs klicken und sich die verfügbaren Merkmale ansehen.
Zum Beispiel ist es wichtig zu wissen, wie viele NFTs dieses Typs es gibt. Wenn Ihr NFT nur einmal vorhanden ist, ist es natürlich mehr wert, als wenn es 100.000 Exemplare dieses Typs gibt.
Wenn Ihnen diese NFT zusagt, klicken Sie auf „Jetzt kaufen“ -> Bestätigen Sie diesen Kauf in der MetaMaske.
Nach einem erfolgreichen Kauf sollten sie nun den NFT in Ihrem Profil besitzen.

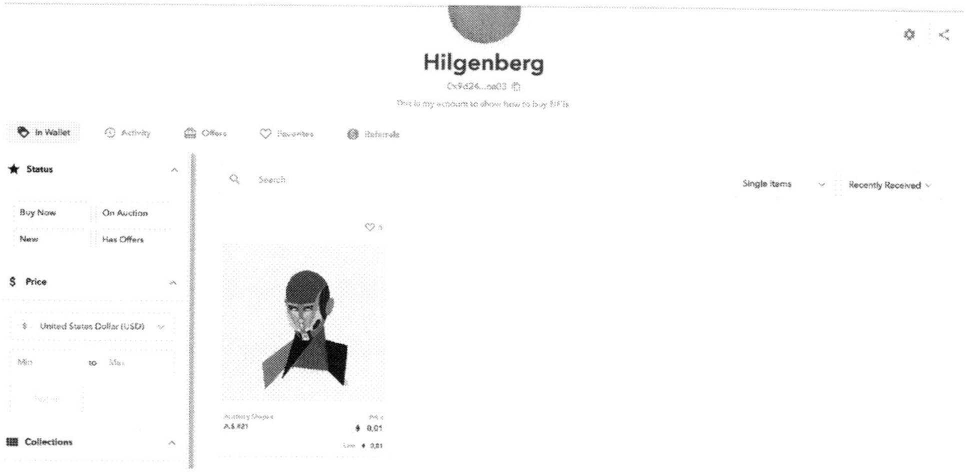

Abbildung 18

Wenn Sie nun Ihr NFT verkaufen wollen, gehen Sie mit der Maus über Ihr NFT und klicken Sie auf „List this Item". Klicken Sie dann ganz unten auf „Sell". Dort können Sie Ihren Verkaufspreis festlegen, die NFTs bündeln und vieles mehr. Es lohnt sich, dies sorgfältig zu lesen, da Sie für die Veröffentlichung eine Gebühr zahlen müssen. Diese liegt derzeit zwischen $15 und $80, je nachdem, wie ausgelastet das Netzwerk ist. Man arbeitet daran, die Skalierbarkeit zu erweitern, um die Transaktionsgebühr zu reduzieren. Dies wird jedoch einige Zeit in Anspruch nehmen.

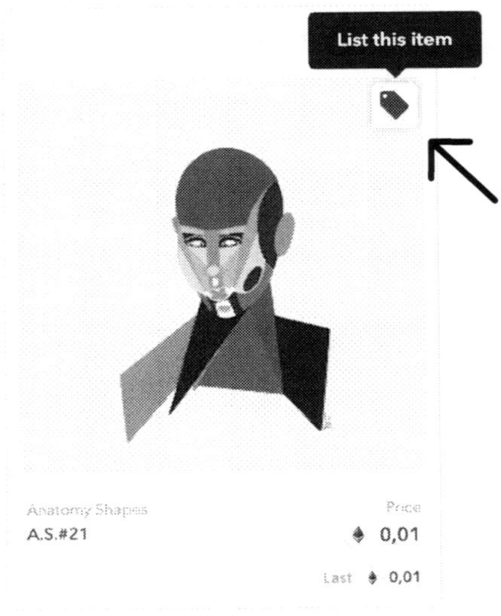

Abbildung 19

Da Ihr NFT nun Ihr Eigentum ist, können Sie einfach zu einer anderen Plattform wechseln und Sie werden feststellen, dass Ihr NFT auch dort angezeigt wird. Ich empfehle den Anbieter rarible.com, da der Aufbau der

Seiten relativ ähnlich ist.

Gehen Sie auf die Seite und verbinden Sie sich mit Ihrer MetaMask. Klicken Sie dann auf My Items. Dort sollten nun alle Ihre NFTs angezeigt werden. So können Sie Ihre NFTs ganz einfach auf der neuen Plattform verkaufen und sind unabhängig von anderen Plattformen.

Wie erstelle ich ein eigenes NFT

Um unseren eigenen NFT zu erstellen, benötigen wir zunächst eine Sammlung.

1. Klicken Sie oben rechts auf Profil
   1.1 -> My Collections
2. Create
3. Laden Sie ein Bild / Logo hoch
   3.1 Achtung. Dies ist nicht Ihr NFT, sondern eine Sammlung für Ihre NFTs. Hier können Sie Ihre Bilder aufteilen. Ein Beispiel für eine Sammlung wäre Realistische Kunst und eine andere Digitale Kunst.
4. Geben Sie Ihrer Sammlung einen Namen
5. Zum Schluss können Sie noch eine Beschreibung hinzufügen

In Abbildung 20 können Sie sehen, wie die Sammelmappe aussieht. Dieses hat auch ein Bild, aber das Bild ist kein NFT.

Abbildung 20

Nun gehen wir in den Sammelordner und klicken auf „Add New Item". Hier werden Sie aufgefordert, eine Datei hochzuladen. Dies ist nun Ihre NFT, die sich in dieser Mappe befinden wird. Sobald Sie Ihr NFT erstellt haben, finden Sie es in Ihrem Profil wieder. Nun können Sie Ihr NFT genau wie im vorherigen Kapitel verkaufen.

Nice to Know:
Wenn Sie wieder unter My Collections sind, können Sie auf Ihre Sammlungsmappe gehen und dann auf das Zeichen Edit klicken.
Hier können Sie weitere Informationen zu Ihrer Sammlung anlegen. Ganz unten gibt es einen Abschnitt namens „Royalties".

Unter „Royalties" können Sie eine Gebühr für Ihre NFTs erheben. Sobald ein NFT aus dieser Mappe gekauft und an neue Benutzer verkauft wird, erhalten

Sie eine Gebühr, wenn Sie dies wünschen. Normalerweise sind es 0,5 % bis 1 %, aber bedenken Sie, dass dies zu einem niedrigeren Verkaufspreis führen kann. Sie müssen individuell entscheiden, ob es Sinn macht oder nicht.

Die Normung

Die Standardisierung ist für jeden NFT unerlässlich. Sie beschreibt, wie sich der NFT mit sogenannten „Smart Contracts" verhalten soll. Smart Contracts sind eine Art von Verträgen, die sich selbst ausfüllen, wenn ein Ereignis eintritt. Im Fall von NFT wäre das z. B., wenn Geld eingeht, dass das NFT von einer Adresse auf eine andere übertragen wird. Der Vorteil eines solchen Smart Contracts ist: Schnelligkeit, Sicherheit und die Möglichkeit der Automatisierung. Was mehrere Wochen dauern kann, kann mit Smart Contracts in wenigen Minuten erledigt werden. Die Standardisierung gibt Entwicklern die Garantie, dass sich Assets auf eine bestimmte Art und Weise verhalten und beschreibt genau, wie man mit den Grundfunktionen der Assets umgeht. Heute haben sich zwei Hauptstandards etabliert: ERC721 und ERC 1155. Im folgenden Abschnitt gehen wir etwas näher auf die Zusammenhänge und die Unterschiede zwischen den beiden ein.

ERC-721 [12]

ERC-721-Standard wurde von CryptoKitties entwickelt und war die erste Darstellung nicht-fungibler digitaler Assets. Er bietet Funktionalitäten, wie die Übertragung von Token von einem Konto auf ein anderes, die Abfrage des aktuellen Token-Guthabens eines Kontos, die Abfrage des Eigentümers eines bestimmten Tokens und auch den Gesamtvorrat des im Netzwerk verfügbaren Tokens. Daneben bietet es auch einige andere Funktionen, wie z. B. die Freigabe, dass eine bestimmte Menge an Token von einem Konto auf ein Konto eines Dritten übertragen werden kann. Die Übertragung des Assets erfolgt mit Hilfe einer transferFrom Funktion. Diese Funktion benötigt 3 Parameter.

Adresse des Verkäufers, Adresse des Käufers und die Token-ID.

```
interface ERC721 {
  function ownerOf(uint256 _tokenId) external view returns (address);
  function transferFrom(address _from, address _to, uint256 _tokenId) external payable;
}
```

Abbildung 21

Auch wenn es noch mehr Prüfungen und Funktionen gibt, ist dies der wichtigste Teil. Wenn Sie darüber nachdenken, sind diese beiden Funktionen wirklich alles, was Sie brauchen, um einen NFT zu repräsentieren.

ERC-1155 [13]

ERC1155, ein Projekt des Enjin-Teams, das die Idee der Sammel-Fungibilität in die NFT-Welt bringt. Mit ERC1155 repräsentieren IDs nicht einzelne Assets, sondern Klassen von Assets. Zum Beispiel könnte eine ID „Zaubertrank" repräsentieren, und eine Wallet könnte 1.000 dieser Zaubertränke besitzen. Mit einem ERC-721 müssten Sie 1.000 Mal einen Kauf durchführen und bezahlen so für jede Transaktion eine Gebühr. Hier schafft der ERC-1155 Standard Abhilfe. Sie könnte nicht nur ein Asset verschicken, sondern sagt in der Funktion auch, wie viele Assets Sie verschicken möchten. Dies ist eine neue Art der Erstellung von Token, die einen effizienteren Handel und die Bündelung von Transaktionen ermöglicht - und damit Kosten spart. Ich habe bewusst die ID Zaubertrank benutzt, da der ERC-1155 sich perfekt für Spielentwickler eignet. Nun können die Gamer ihre Assets leicht auf ihre Wallet übertragen und sind damit nicht vom Spiel abhängig. Diese Funktion hat nun einen Parameter mehr als der ERC-721 Standard:

Adresse des Verkäufers, Adresse des Käufers, Token-ID und die Menge.

```
interface ERC1155 {
  function balanceOf(address _owner, uint256 _id) external view returns (address);
  function transferFrom(address _from, address _to, uint256 _id, uint256 quantity) external payable;
}
```

Abbildung 22

Kompatibilität

ERC-721 und ERC-1155 sind beide zu einem Standard geworden. Die ERC-1155 ist eine Art Erweiterung der vorherigen Funktion. Diese ist jedoch kompatibel zu ERC-721, was bedeutet, dass ein ERC-721 Asset mit einem ERC-1155 erstellt werden kann. Sie hätten einfach eine Menge von 1 für dieses Asset. Aufgrund dieser Vorteile wird der ERC-1155 vermehrt zum Standard der Smart Contracts.

Eine neu Kunstwelt

In der Tat gibt es auch Ausstellungen mit NFTs. Einer der populärsten Anbieter ist cryptovoxels.com. Dort können Nutzer eine Ausstellungsfläche kaufen und selbst etwas darauf bauen. Sobald dieses auf die Blockchain übertragen wird, kann jeder Spieler, der im Spiel ist, das Kunstwerk betrachten. Platzbesitzer können ihren Platz so gestalten, wie sie wollen. Dazu gehören Dinge wie Audio, Buttons, Bilder, Voxel-Modelle, Text, Polytext (3D-Text) und Gifs.

Das Ganze wird von babylonjs.com unterstützt.

Wenn Sie im NFT-Bereich tätig sind und wirklich Ihre eigene Ausstellung zeigen wollen, wäre es eine Überlegung wert, einen solchen Raum zu haben. Einige Firmen haben sich einen eigenen Shop mit Dauerwerbung eingerichtet. Ob die Vermarktung ihren Zweck erfüllt, muss jeder für sich selbst entscheiden.

Um die Digital Kunstwelt zu erkunden, brauchen Sie nur einen Computer. Gehen Sie einfach auf cryptovoxels.com und klicken Sie auf Play now. Wenn Sie zu einer bestimmten Position wie auf dem Bild gehen wollen, können Sie diesen Link in Ihren Browser eingeben und Sie werden direkt dorthin teleportiert. Sie können sich einfach mit den Pfeiltasten auf Ihrer Tastatur bewegen und mit der Leertaste springen. Drücken Sie ESC, um das Spiel zu beenden.

Abbildung 23 (https://www.cryptovoxels.com/play?coords=E@54E,187S)

Auf der Karte können Sie verschiedene Plätze sehen und sich zu diesen teleportieren lassen.

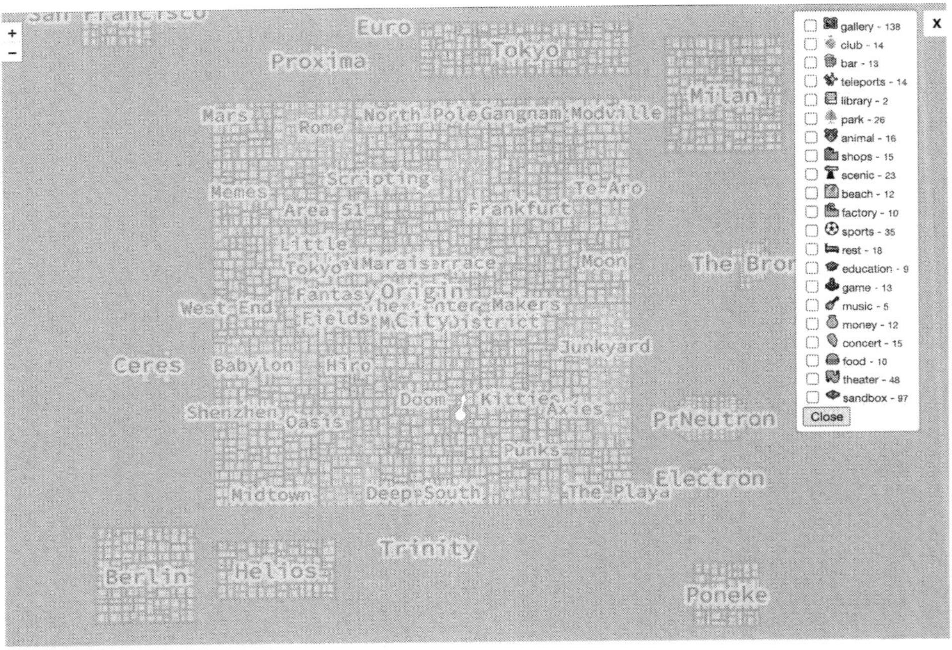

Abbildung 24

Ethereum Geschichte

ERC steht für Ethereum Request for Comments und sind Standards auf Anwendungsebene für Ethereum. Ethereum ist also nicht nur ein Coin, sondern eine ganze Ebene, auf der alle NFTs laufen. Der Gründer von Ethereum ist Vitalik Buterin, ein russisch-kanadischer Autor und Programmierer. Von 2007 bis 2010 spielte er mit Freude das Spiel WoW - World of Warcraft. Doch eines Tages entfernten die Spielentwickler einen Zaubertrank von seinem geliebten Hexenmeister. Er wein-

te sich in den Schlaf und an diesem Tag wurde ihm klar, wie schrecklich zentralisierte Dienste sein können. Er hörte direkt auf mit dem Spiel und suchte nach neuen Herausforderungen.
Auf der Suche nach neuen Herausforderungen, entdeckte Vitalik Bitcoin. Zunächst glaubte er nicht, dass sich so etwas wie Kryptowährungen durchsetzen würde, aber als er sich mehr damit beschäftigte, sah er das Potenzial. Als er erkannte, dass die meisten Kryptowährungen sich mit spezifischen Anwendungen beschäftigten und nicht allgemein genug waren, gründete er Ethereum. Heute ist Ethereum eine der größten Kryptowährungen auf dem Markt. Sie ist die Basis für viele andere Projekte. Mit Hilfe der Ethereum-Blockchain werden neue Coins oder dezentrale Plattformen geschaffen. Deshalb basieren auch die meisten NFTs auf der Ethereum-Blockchain.

Was fangen Sie jetzt damin an?

Sammler bzw. Investor

Wenn Sie einige NFTs sammeln wollen, weil Sie sie unglaublich toll finden, ist dies auf den verschiedenen Plattformen möglich. Das können CryptoKitties, CryptoPunks oder andere Projekte sein. Sie werden Ihre Gründe haben, warum Sie das eine mögen und das andere nicht. Aber seien Sie ehrlich zu sich selbst und fragen Sie sich, warum Sie diese NFTs sammeln wollen. Wenn Sie diese NFTs toll finden und der Besitzer sein wollen, ist das Ihr gutes Recht.

Wenn Sie die NFTs zu einem höheren Preis weiterverkaufen wollen, befinden Sie sich im Bereich des Investors. Hier empfehle ich Ihnen, sich genau zu informieren. Denn Sie wollen beim Verkauf einen höheren Preis erzielen. Bevor Sie also kaufen, sollten Sie sich genau überlegen, warum der Preis in Zukunft höher sein soll als jetzt.

» Sie sollten sich die folgenden Fragen stellen:
» Was macht das Projekt?
» Wie bekannt ist das Projekt?
» Ist der Hype bereits vorbei?
» Wie aktiv ist das Team, das die NFTs verkauft?
» Wie bewerte ich das Projekt in 5, 10 oder gar 20 Jahren?
» Was ist die Geschichte hinter diesem Projekt oder diesem NFT?

Denken Sie daran, dass viele Projekte einfach deshalb so teuer sind, weil sie ein Hype sind. Es ist in Ordnung, an dem Hype teilzuhaben, seien Sie nur nicht der Letzte, der ein NFT kauft und den Hype vorbeiziehen lässt. Außerdem sollten Sie sich bewusst sein, dass Sie nicht das Bild, sondern die Geschichte kaufen. Je absurder und individueller die Geschichte zu Ihrem NFT ist, desto besser.

Beispiel:
Twitter-CEO Jack Dorsey hat seinen ersten Tweet für 2,9 Millionen Dollar versteigert. Der Käufer besitzt nun aber nicht Jack Dorseys Twitter-Konto, sondern er hat lediglich einen Schlüssel, der ihn zum Eigentümer macht. Jack Dorsey hat nach wie vor das Recht, mit dem Twitter-Account zu machen, was er will.

Frage an Sie: Kann Jack Dorsey seinen Tweet einfach löschen? Wenn ja, was passiert dann mit dem NFT?

Kurz gesagt: Ja! Jack Dorsey kann seinen Tweet löschen und muss den NFT-Besitzer nicht um Erlaubnis fragen. Das Spannende ist aber, was mit dem NFT-Schlüssel passiert. Da es bei NFT mehr um die Geschichte als um den Besitz geht, würde der NFT-Schlüssel wahrscheinlich noch teurer werden. Es ist die Geschichte, die noch dramatischer wird.

Mit diesem Beispiel wollte ich Ihnen zeigen, wie absurd der NFT-Markt ist. Als Investor müssen Sie genau wissen, was Sie kaufen und wie es sich entwickeln könnte. Wichtiger ist die Geschichte hinter jedem NFT und nicht das Aussehen. Selbst CryptoKitties sind nur so teuer, weil sie die allerersten NFTs waren. Keiner weiß, wie sich neue Projekte etablieren werden, weshalb hier ein hohes Risiko besteht.

Entwickler

Als Entwickler sind Sie nicht daran interessiert, NFTs zu sammeln oder zu besitzen. Sie finden es vielleicht spannender, sich an einigen Projekten zu beteiligen oder sogar ein eigenes Projekt zu starten. Viele NFT-Bereiche sind noch relativ neu und es gibt viele Möglichkeiten, sich auf dem Markt zu positionieren. Sie könnten zum Beispiel eine eigene Handelsplattform starten und Künstlern bei der Erstellung ihrer NFTs helfen. Die meisten Künstler wollten sich nicht mit der Technik beschäftigen. Ihre Stärke ist Kreativität und die Leidenschaft, neue Kunst zu schaffen. Wenn Sie als Anbieter diesen Menschen helfen und den Prozess so automatisieren, dass sich die Nutzer nicht mit der Wallet, der Kryptowährung usw. beschäftigen müssen, würden Sie einen völlig neuen Markt schaffen. Sie hätten eine vollkommen neue Plattformidee. Seien Sie kreativ und bieten Sie Lösungen für aktuelle Probleme an. Holen Sie die Menschen dort ab, wo sie sind, (ohne eine Handbuch wie dieses) und Sie werden erfolgreich sein.

Künstler

Als Künstler kann ich Ihnen raten, sich mehr mit dem Thema zu beschäftigen. Es mag anfangs ein Kampf sein, sich so viel Wissen anzueignen, aber es kann sich durchaus auszahlen. Zum ersten Mal in der Geschichte können Künstler ihre Kunst unabhängig von anderen Plattformen verkaufen und als ihre eigene kennzeichnen lassen. Nutzen Sie diese Chance und werden Sie kreativ. Vergessen Sie nicht, dass es nicht das Bild ist, was zählt, sondern die Geschichte dahinter. Wenn Sie zum Beispiel bereits eine Reichweite haben, ist es relativ einfach, damit anzufangen, weil Sie eine Geschichte über sich selbst haben. Wenn Sie anfangen, sollten Sie sich überlegen, wie Sie sich positionieren. Oft werden Sie am Anfang Probleme haben, Ihre NFTs zu verkaufen, aber wenn Sie geduldig sind und Energie in das Marketing investieren, werden Sie auch hier Erfolge erzielen können.

Abschluss

Ich hoffe, Sie haben jetzt ein besseres Verständnis nicht nur für NFTs, sondern auch für den Kryptomarkt im Allgemeinen. Es ist eine aufregende Zeit. Einige sagen, dass Kryptowährungen und die Blockchain keine Zukunft haben, während andere diese Technologie so bahnbrechend wie das Internet finden. Wie so oft im Leben, wird die Wahrheit irgendwo in der Mitte liegen. Ich persönlich bin von der Technologie fasziniert und glaube, dass sie eine Zukunft hat. Mit der Zeit sehen wir, dass dieser noch relativ kleine Markt immer zugänglicher wird. Die Entwickler versuchen, den Zugang so einfach wie möglich zu gestalten, damit jeder die Vorteile dieser Technologie nutzen kann. Niemand kann sagen, wie die Zukunft aussehen wird, aber ich bin überzeugt, dass wir mehr solcher Projekte sehen werden.

Sollten Sie weitere Fragen oder Schwierigkeiten mit einem der Abschnitte haben, stehe ich Ihnen jederzeit gerne zur Verfügung. Bitte beachten Sie, dass ich Ihnen keine Kaufempfehlung geben kann, sondern lediglich den Prozess erklären werde.

Sie können mir jederzeit eine E-Mail an nfthandbuch@gmail.com schicken.

Achten Sie bitte darauf, dass ich Sie niemals auffordere, Ihre Geheimnisse oder Passwörter zu verraten!

Sollten Sie eine solche Aufforderung mit meiner E-Mail-Adresse erhalten, melden Sie diese bitte an mich, damit ich Strafanzeige erheben kann.

Wichtig! Geben Sie Ihre geheimen Wörter oder Passwörter nicht an Dritte weiter. Versenden Sie sie nicht als E-Mails, SMS oder WhatsApp-Nachrichten. Jeder, der Zugriff auf Ihre Daten hat, kann Ihre gesamte Kryptowährung und NFTs stehlen.

Wenn Ihnen dieses Buch gefallen hat, freue ich mich sehr über eine positive Rezension auf Amazon, da dies den NFT-Markt vergrößern würde.

Wenn Sie irgendwelche Informationen vermissen oder einige der Erklärungen nicht gut erläutert sind, würde ich es begrüßen, wenn Sie mich unter meiner E-Mail-Adresse kontaktieren könnten. Auf diese Weise kann ich das Buch vervollständigen, was auch zukünftigen Lesernn zugutekommt Wenn Sie trotzdem unzufrieden sind, werde ich Ihnen das Geld zurückerstatten, denn mein Ziel ist es, Sie als Kunden zufriedenzustellen!

Quellen

1. https://languages.oup.com/google-dictionary-de/
2. https://github.com/bitcoin
3. https://markets.businessinsider.com/currencies/news/bitcoin-miners-bln-earnings-how-they-make-money-transactions-2021-2-1030103871
4. https://www.bayern3.de/info-darknet-deepweb
5. https://www.mckinsey.com/industries/techno-logy-media-and-telecommunications/our-insights/how-blockchains-could-change-the-world
6. https://www.washingtonpost.com/entertain-ment/museums/the-louvre-wants-this-450-milli-on-leonardo-in-its-big-show-but-its-mystery-ow-ner-appears-to-be-balking/2019/10/15/85bc5094-eec2-11e9-b648-76bcf86eb67e_story.html
7. https://de.statista.com/statistik/daten/stu-die/160518/umfrage/prognostizierter-umsatz-in-der-weltweiten-videogames-branche
8. https://de.statista.com/outlook/dmo/digitale-medien/videospiele/weltweit
9. https://www.btc-echo.de/news/historischer-rekord-nft-umsatz-knackt-600-millionen-us-dol-lar-113978

10. https://www.morningbrew.com/daily/stories/2021/02/24/nft-frequently-asked-questions?__cf_chl_jschl_tk__=6f6aa8baaab5b0a9eeea537d-6d876ab70e28999d-1621002416-0-Aawd8bx8sbMDHhVx6p0u3I2DK5LQ8JmdFFEEMw0UFzb1Q5R1_hEkSu13EBrbZWkhHwqo_fBtxiqlJV06ZjkrchZCmda-4ZesHKF3SSgNL3zjp_KTwNoRPF_FTIJutS7vhn-xExSFURnHbKN_0y2kglmTUKNTAAOf_Tud3TFRD-tQ0Qp8YhqeFFkYodcZ9r49gKYLQB4Rvf5VU-U0zqv-794GN3ow6VJrN5a88Nc9cLNNgpGz_B2bQT3BC22b4Fjo8FJLsCy3lRWB66GxgAq-VuhrFSZsdNucH4V8BuqaeNFpEqTUueC1Rl_kfi-UXpnWzacQN9Uyk8vn4Pd6igPPT_0-tE7yNC-xuoRpTMHpvSoiZ78xxjqYenyuUX07xE6ElR7-xfKo12tpndQ8vgsJcmhiYsQbMuxvEKbvl4dyBvYA-ex_BNh04WUtSrDGAeSQA5EjSRlh07jVGEp2UcBcd-PBpg5oQajUss-smG0NeJK1zmOfKUlRwrf2k-wjEBqxrBnF64hq9QQLbkUUk3dBsxzJ5uiM3BQA

11. https://en.wikipedia.org/wiki/Everydays:_the_First_5000_Days

12. https://ethereum.org/en/developers/docs/standards/tokens/erc-721/

13. https://eips.ethereum.org/EIPS/eip-1155

Index

T

U

V

W

Printed by Amazon Italia Logistica S.r.l.
Torrazza Piemonte (TO), Italy

25966676R00043